Aubin-Renaud ALONGNIFAL

Dans la chaleur de notre intimité

Aubin-Renaud ALONGNIFAL

Dans la chaleur de notre intimité

Recueil de slams et de poèmes

Éditions Croix du Salut

Imprint

Any brand names and product names mentioned in this book are subject to trademark, brand or patent protection and are trademarks or registered trademarks of their respective holders. The use of brand names, product names, common names, trade names, product descriptions etc. even without a particular marking in this work is in no way to be construed to mean that such names may be regarded as unrestricted in respect of trademark and brand protection legislation and could thus be used by anyone.

Cover image: www.ingimage.com

Publisher:
Éditions Croix du Salut
is a trademark of
Dodo Books Indian Ocean Ltd. and OmniScriptum S.R.L publishing group

120 High Road, East Finchley, London, N2 9ED, United Kingdom
Str. Armeneasca 28/1, office 1, Chisinau MD-2012, Republic of Moldova, Europe
Printed at: see last page
ISBN: 978-620-6-16981-9

Aubin-Renaud ALONGNIFAL

Dans la chaleur de notre intimité

Recueil de slam-poésie

Dans la chaleur de notre intimité

Recueil de slam-poésie

Pour Natacha

Heureux de partager avec toi…

J'aurais beaucoup de choses à t'écrire, mais je ne veux pas le faire avec l'encre et la plume.

<u>Avant-propos</u>

Celui qui confessera que Jésus est le fils de Dieu, Dieu demeure en lui, et lui en Dieu.
1 Jean 4 :15

L'amitié de l'Éternel est pour ceux qui le craignent, et son alliance leur donne instruction.
Psaumes 25 :14

Combien est précieuse ta bonté, ô Dieu ! À l'ombre de tes ailes les fils de l'homme cherchent un refuge. Ils se rassasient de l'abondance de ta maison, et tu les abreuves au torrent de tes délices. Car auprès de toi est la source de la vie ; par ta lumière nous voyons la lumière.
Psaumes 36 :8-10

Oui, tu fais briller ma lumière ; l'Éternel, mon Dieu, éclaire mes ténèbres.
Psaumes 18 :29

Ta parole est une lampe à mes pieds, et une lumière sur mon sentier.
Psaumes 119 :105

Éternel des armées ! Heureux l'homme qui se confie en toi !
Psaumes 84 :13

Je bénis l'Éternel, mon conseiller ; la nuit même mon cœur m'exhorte.
Psaumes 16 :7

Je me couche et je m'endors en paix, car toi seul, ô Éternel ! tu me donnes la sécurité dans ma demeure.
Psaumes 4 :9

Comme une biche soupire après des courants d'eau, ainsi mon âme soupire après toi, ô Dieu.
Psaumes 42 :2

Si l'Éternel n'était pas mon secours, mon âme serait bien vite dans la demeure du silence. Quand je dis : mon pied chancelle ! Ta bonté, ô Éternel ! me sert d'appui. Quand les pensées s'agitent en foule au-dedans de moi, tes consolations réjouissent mon âme.
Psaumes 93 : 17-19

L'Éternel aime ceux qui le craignent, ceux qui espèrent en sa bonté.
Il guérit ceux qui ont le cœur brisé, et il panse leurs blessures.
Psaumes 147 :113

Réveille-toi, mon âme ! réveillez-vous, mon luth et ma harpe ! Je réveillerai l'aurore.
Psaumes 57 :9

Que ma prière soit devant ta face comme l'encens, et l'élévation de mes mains comme l'offrande du soir !
Psaumes 141 :2

Rendez continuellement grâces pour toutes choses à Dieu le Père, au nom de notre Seigneur Jésus-Christ,
Éphésiens 5 :20

Que tout ce qui respire loue l'Éternel ! Louez l'Éternel !
Psaumes 150 :6

Louez l'Éternel, vous toutes les nations, célébrez-le, vous tous les peuples !
Car sa bonté pour nous est grande, et sa fidélité dure à toujours. Louez l'Éternel !
Psaumes 117 : 1-2

Viens à moi

Pour combien de temps encore vas-tu demeurer esclave ?
Te vendant à vil prix, et courant après les ombres et chimères.
Pour combien de temps encore vas-tu te considérer comme épave ?
Cherchant un bonheur artificiel dans des plaisirs éphémères.
Je suis là, pour toi, alors viens à moi.

Viens, toi qui te sens si seul et sale, au bout de cette obscure ruelle ;
Toi qu'on dit maudit, toi qui n'essuies qu'échec, rejet et insultes ;
Viens, toi pour qui l'existence depuis semble si lourde et si cruelle ;
Toi dont l'âme mortifiée ne connait que chagrins et tumultes.
Viens à moi, je suis là pour toi.

Viens, toi ne souris plus, voyant le présent et le futur si sombres.
Je veux te donner un avenir et une grande espérance.
Moi je rebâtis même à partir du néant, même sur des décombres.
Alors viens, peu importe si ta vie tombe déjà en déchéance.
Viens à moi, je suis là pour toi.

Voici, à travers ta longue errance désertique, je fraye un chemin,
Car je suis celui qui peut et veux donner un sens à ta vie.
Voici, du fond de ton abîme de détresse, je te tends ma tendre main,
Je veux désormais être pour toi, tout ce que la souffrance t'a pris.
Viens à moi, je suis là pour toi.

Je connais la douleur qui ronge ton corps, ton âme, ton cœur.
Je suis venu pour te délivrer, pour guérir tes blessures.
Je veux te libérer de ces prisons intimes d'amertume et de rancœur,
Afin que désormais tu jouisses pleinement de la vie que je t'assure.
Viens à moi, je suis là pour toi.

Viens, et surtout saches que rien, je dis bien rien ne m'est impossible.
Il te suffit de m'ouvrir la porte de ton cœur et de croire.
Je t'aime d'un amour profond, d'un amour indéfectible et indicible.
J'ai payé le prix fort pour toi, afin que tu aies la vie éternelle de gloire.
Viens à moi, je suis là pour toi.

Peu importe qu'on t'ait dit que cette maladie est incurable,
Je n'ai pas changé, je suis le Dieu qui opère des miracles.
Je veux faire de toi, une merveille, en changeant ta vie misérable ;
Je veux faire toute chose nouvelle, n'en fais pas toi-même obstacle.
Viens à moi, je suis là pour toi.

Viens, ne crains rien, je ne te promets pas une vie dénuée d'épreuves,
Mais sur toute chose et en toute circonstance, tu en sortiras victorieux.

J'ai promis de ne jamais t'abandonner, de faire de toi, la preuve
De la vie surnaturelle que je donne, et l'héritier de mon royaume glorieux.
Viens à moi, je suis là pour toi.

Tu donnes la paix à mon âme

Lorsque contre moi, les sombres flots en furie mugissent,
Que mon navire se voit balloté par le déferlement des vagues ;
Lorsque des fauves et des lions tapis dans l'ombre rugissent,
Ouvrent leurs gueules noires contre moi et lèchent leurs dagues,
Sereinement j'avance au milieu, sans crainte de drames,
Car c'est toi qui donnes la paix à mon âme.

Lorsque je me sens en proie à la maladie, à la tourmente,
Que se resserrent les serres meurtrières de l'oppression, sans raison ;
Lorsque le nombre d'arrogants et sournois adversaires augmentent,
Que leurs cris et le bruit de leurs armes déchirent l'horizon,
Ma victoire est assurée, car ton bras puissant tient les armes,
Et c'est toi qui donnes la paix à mon âme.

Lorsque même mes proches m'abandonnent ou me rejettent,
Tu me rassures de ta douce présence, car tu es mon fidèle ami.
Lorsque contre moi, des langues, comme des glaives se projettent,
Et que des amis me trahissent ou se retournent en ennemis,
C'est toi qui me rends justice devant d'injustes blâmes,
Et c'est toi qui donnes la paix à mon âme.

Tu me conduis au travers des épreuves, tu m'y instruis.
Les angoisses ne croissent pas, si la disette vient à fondre sur moi.
Tu m'émondes afin que mes branches portent plus de délicieux fruits.
Dans le chagrin, tu es le sujet de mes actions de grâce et de ma joie.
Et je rayonne du bonheur des psaumes que je te déclame,
Car c'est toi qui donnes la paix à mon âme.

Lorsque les terreurs de la nuit viennent à m'assaillir,
Que des voix s'élèvent en calomnies, en querelles et en violence,
Pour voir mon courage, mon calme et ma bienveillance défaillir.
J'obéis à ta sage voix qui m'invite, m'incite à garder silence,
C'est seul ce que tu dis que je suis, que ma bouche proclame,
Car c'est toi qui donnes la paix à mon âme.

Lorsque ma foi flanche, que le malin use de ruse pour que je tombe ;
Quand je fuis ta face, le cœur rongé par la honte et la culpabilité ;
Tes yeux miséricordieux me voient, tu me ramènes sur tes ailes de colombe ;
Tu restaures mon âme abattue, dans la douceur de ton amour et ta fidélité.
Sous les averses perverses et infâmes, tu ravives ma flamme,
Et c'est toi qui donnes la paix à mon âme.

Flamme vive

Père aimant, crée en moi un cœur pur,
Renouvelle en moi un esprit bien disposé.
Par Ton Esprit-Saint en moi déposé,
Rallume la flamme d'un amour sans mesure.

Mon cœur s'humilie et de Toi, reçoit,
Les clartés de Ton aube, afin que se manifeste
La réalisation de Ta vision céleste.
Fais de moi la personne que Tu veux que je sois.

Que toute forteresse en moi soit brisée.
Que tombe de mes yeux, le vieux voile épais
Qui m'empêche de Te voir tel que Tu es,
Afin que mon cœur T'ait pour seule visée.

Que ma vie Te soit un parfum doux et agréable.
Que la flamme de Ton amour soit ravivée.
Une flamme vive, qui brille ; une flamme avivée,
Dans les vents comme dans la brise des temps favorables.

Seigneur instruis-moi

Seigneur instruis-moi, montre-moi la voie.
Que mon cœur soit prompt à t'obéir.
Que mon âme soit sensible à ta voix,
Que mes lèvres distillent ta sagesse sans s'enorgueillir.

Seigneur que tout défi que j'aurais à affronter,
Je le fasse dans la justice, la droiture et l'équité.
Que mes choix et mes décisions soient fondés sur ta volonté.
Que mon cœur ne se plaise pas à l'iniquité.

Seigneur guide toujours chacun de mes pas.
Que mon âme trouve sa plénitude dans tes ordonnances.
Que chaque jour de ma vie ici-bas,
Témoigne de ton reflet et de ta résonnance.

Seigneur, donne-moi de jouir des richesses
Dont tu me bénis, sans m'y attacher, sans être cupide.
Que la prospérité étende davantage mes largesses.
Garde-moi des conseillers et des conclusions stupides.

Seigneur qu'à ta voix, mon cœur ne s'endurcisse,
À fertiliser des souffrances injustes, à ruiner, à dépouiller.
Que mes actions ne soient pas de celles qui obscurcissent,
À gêner tes desseins, à te déshonorer, à souiller.

Seigneur, que mes désirs, ma vie, t'honorent.
Affermis-moi dans ta sagesse pour faire taire la langue fourbe,
Pour démasquer le traître, l'ennemi que j'ignore ;
Pour me détourner à temps, du sentier attrayant qui courbe.

Seigneur, permets-moi de réjouir ton cœur,
De servir, de contribuer au bonheur de tes enfants si nombreux.
Donne-moi d'apprendre, même des erreurs, pour être à la hauteur,
Et porter le rayonnement de ta glorieuse clarté, en tout lieu ténébreux.

Soutiens-moi

Lorsque mes yeux se voilent sur la route,
Et que mes pensées sont assaillies par le doute ;
Lorsque les vents austères de la tempête se déchainent,
Que les circonstances tentent de s'ériger en de chaînes,
Soutiens-moi.

Lorsque tout me ramène à un passé reluisant,
Tandis que l'avenir s'assombrit et le présent devient épuisant ;
Lorsque mon espoir s'envole, vacille ou tangue,
Et que des paroles folles viennent à fourmiller sur ma langue,
Soutiens-moi.

Quand toute volonté de se battre vient à m'abandonner,
Que la douleur des blessures m'affaiblit à pardonner ;
Lorsque de tumultes à mon sujet, la rue regorge,
Et qu'au milieu de la nuit, la solitude me noue la gorge,
Soutiens-moi.

Soutiens-moi, afin que de courage, mon cœur redouble,
Et que ma paix s'affermisse même face au trouble.
Soutiens-moi, afin que les ténèbres ne gagnent pas mon cœur,
Car avec toi, même quand je suis faible, je suis plus que vainqueur.

Soutiens-moi, je ne suis rien sans toi.
Même si elle décline déjà, ravive la flamme de ma foi.
C'est en toi que ma force ou ma faiblesse se confie,
Et c'est ton grand amour qui jour après jour me fortifie.

Elle tint jusqu'au bout

On lui demandait jusqu'à quand sa nuit allait s'éterniser,
Et si elle serait tout le temps un objet de risée ?
Elle était devenue le sujet de toutes les conversations.
Silencieuse, c'était à sa place que les autres se lamentaient.
On lui disait d'abandonner ce Dieu qui la tourmentait.
On l'avait revêtu d'un vieux manteau d'humiliation.
Silencieuse et joyeuse, elle percevait bien ces rires d'hyènes,
À cause de la honte dont on avait injustement fait sienne.

C'était devenu difficile, elle n'arrivait plus à sortir de sa chambre.
Comme sous l'inclémence d'un hiver rude de décembre,
Dans la solitude, elle sentait désormais tout en elle grelotter.
On la plaignait, mais elle-même ne parvenait plus à ouvrir la bouche.
Il y avait comme une rivière débordant de sa couche.
Chaque jour dans sa chambre, elle s'agenouillait et son âme sanglotait.
Comme un arbre, la tempête lui avait fait perdre plusieurs feuilles,
Mais elle disait : Dieu fidèle, c'est devant toi que je me recueille.

Rien ne changeait, alors des gens riaient ou étaient consternés.
Elle disait : « à tes pieds, Cher Sauveur, je demeurerais prosterné.
En toute chose je reconnais ta souveraineté et ta seigneurie,
Comme Job, mon âme veut juste bénir ton nom et non maudire.
Je sais que Tu es dans ma barque face à ses vagues en furie.
Mon âme en paix bénit et ma chair veut contre toi, médire.
Tu es mon espérance, avec Toi, j'irai jusqu'au bout.
Je sais que je suis entre tes tendres mains, pour tout, je te loue !

Donne-moi la force de parcourir ce sentier, sans murmures,
Même si j'ai l'impression que dans le silence, depuis Tu te mures.
Aide-moi à surmonter tout ce par quoi je suis tentée.
Certains en l'entendant à toute heure élever à Dieu de douces mélodies,
Se demandaient comment est-ce qu'elle pouvait encore chanter ?
Ils lui disaient que c'était de la folie d'élever chaque jour des psalmodies.
Face à cette adversité, elle n'avait pas engagé contre Dieu, une lutte,
Elle en avait fait des doigts, et son âme s'était changée en luth.

Elle était certaine de la gloire incomparable à cette adversité.
Elle remerciait Dieu de la fortifier et de mener sa foi à la maturité.
Elle savait que sa faiblesse trouvait force en Lui et en son amour.
Elle était affermie par la Parole qui la gardait de la dérive.
Elle savait qu'avec Dieu, quelque chose de bien en sort toujours.
Que malgré l'ardeur des vents violents, elle finirait par atteindre la rive.
Et au temps favorable, Dieu se leva et c'est au centuple qu'Il a restauré,
Dans sa vie, toutes les années que les sauterelles avaient dévorées.

Par l'œuvre de la croix,
Il a fait de nous des rois.

Il m'a revêtu de gloire,
Et avec Lui, m'a fait asseoir.

À Son Nom j'ai la victoire,
Car Il m'a transféré tout pouvoir.

Tout ce qu'Il a libéré pour moi,
Je l'obtiens pleinement par la foi.

Tiens-moi par la main

Lorsque mon chemin se voile soudain des barres de brume,
Et que de mes mains tremblantes, je tâtonne dans le vide,
En promenant de part et d'autre, des yeux rouges et humides.
Quand lentement en moi, tout espoir se consume,
Tiens-moi par la main, et mène-moi par Tes chemins.

Fais-moi comprendre Tes plans mystérieux, donne-moi d'avancer.
Car c'est en Toi seul que mon âme abattue espère.
Dirige mes pas errants, et sers-moi de repère,
Sachant que là où je vais, Tu m'y as longtemps déjà devancé.
Tiens-moi par la main, et mène-moi par Tes chemins.

Même si la route me semble sinueuse et étroite,
Seigneur, donne-moi d'ajuster mes yeux à Tes yeux,
Afin de voir, comprendre que Tu me mènes là où tu veux.
Parce que pour Toi, la route est grande et toute droite.
Tiens-moi par la main, et mène-moi par Tes chemins.

Ne me laisse pas longtemps avoir cette mine défaite.
Au fur et à mesure que j'avance, élargis le chemin sous mes pas,
Afin que les pieds de Ton serviteur ne chancèlent pas.
Tu es ma haute retraite, et toutes Tes voies sont parfaites.
Tiens-moi par la main, et mène-moi par Tes chemins.

Même lorsque ma prière devient silencieuse, Tu m'écoutes.
Mes ennemis à l'affût, affûtent des flèches contre moi.
Mais Tu es un bouclier sûr pour ceux qui se confient en toi.
Tu me ceins de force, et Tu mets mes ennemis en déroute.
Tiens-moi par la main, et mène-moi par Tes chemins.

En me voyant crier vers Toi, tombant à genoux,
Et confronté à d'énormes batailles, plusieurs me raillent.
C'est Toi qui m'élèves et me fais franchir des murailles.
Peu importe l'intensité de l'adversité, j'en viendrai à bout.
Tiens-moi par la main, et mène-moi par Tes chemins.

Quand Tu me sembles si loin, Tu ne m'abandonnes point.
À toute épreuve, Seigneur Tes paroles sont éprouvées.
Si l'on Te cherche, Tu te laisses trouver.
Tu m'accordes de grandes délivrances et Tu fais grâce à ton oint.
Tiens-moi par la main, et mène-moi par Tes chemins.

De jour et de nuit, rassure-moi de Ton amour.
Chacune de mes luttes et chacune de mes victoires,

Me font ajouter de belles pages à notre grande histoire.
Tiens-moi par la main, j'ai besoin de Ton secours.
Tiens-moi par la main, et mène-moi par Tes chemins.

Apprends-moi

Apprends-moi,
Que Tu ne peux pas toujours me montrer tout le chemin,
Car Tu voudrais que j'avance parfois par la foi.
Apprends-moi,
Que Tu peux aussi, quand il le faut, lâcher ma main,
Et me prendre sur tes épaules, quand je Te sentirai loin de moi.

Apprends-moi,
Que dans l'insondable sagesse de ton amour, Tu peux ôter,
Tu peux séparer, refuser, pour sauver mon âme.
Apprends-moi,
Que Tu peux contre les difficultés, me laisser m'y frotter,
Douloureusement même, enfin que je devienne fort, au-delà des larmes.

Apprends-moi,
Que Tu peux me laisser flotter dans l'attente, dans l'incertitude,
Pour des temps favorables, et enrichir mon émerveillement à Ta grâce.
Apprends-moi,
Que Tu peux me laisser connaître l'exil, la solitude,
Afin que je me retrouve moi-même, et retrouve la splendeur de Ta face.

Apprends-moi,
Chaque jour à Te connaître avec profondeur, à Te connaître davantage ;
À me laisser façonner par la beauté et l'intelligence de Ton amour.
Apprends-moi,
À T'aimer de façon authentique, sans égoïsme, sans chantage.
Apprends-moi à apprendre de Toi, et à grandir, jour après jour.

Aie toujours confiance en Lui

Aie toujours confiance en Lui,
Même quand semble longue la nuit,
Et qu'aucun astre dans le ciel ne luit.

Aie toujours confiance en Lui,
Quand tout le monde te fuit,
Il veut que tu l'aies pour seul appui.

Aie toujours confiance en Lui,
Que tu penses être perdu au fond d'un puits,
Sache que toujours, Son regard te suit.

Aie toujours confiance en Lui,
Que tout ce que tu as patiemment construit,
Se retrouve soudainement détruit.

Aie toujours confiance en Lui,
Souvent Il veut que simplement tu essuies,
Le lingot d'or recouvert par la suie.

Aie toujours confiance en Lui,
Sachant que l'épreuve, il te forge et t'instruit,
Afin que tu deviennes cette personne qu'Il désire depuis.

Aie toujours confiance en Lui,
Après avoir tout essayé sans jouir du produit,
Un jour sans efforts, tu jouiras des fruits.

Aie toujours confiance en Lui,
Sache qu'à tes prières, Il est tout ouïe,
Et aie foi que ta vie, Seul Lui la conduit.

Aie toujours confiance en Lui,
Il est Juste et Fidèle, comme après la pluie,
Ainsi la chaleur du soleil de Son amour réjouit.

Le manque de toi

Avec nostalgie, je me rappelle des beaux jours passés,
De Ta grâce, qui ne quittait pas ma tente,
Des difficultés, des ennemis que Tu m'as fait surpasser.
Je ne sais pourquoi maintenant la peur me tente.

Ta présence ne se fait plus sentir comme avant.
Peut-être parles-Tu et que je n'écoute.
La vie m'abandonne, pourtant bien vivant.
Quoique gourmand, on dirait que la vie me dégoûte.

Tu rassasiais merveilleusement mon âme,
Lorsque je plongeais dans Tes Saintes Écritures.
Chantant Tes louanges, j'étais tout feu tout flamme ;
Mais depuis, je ne sens qu'une immense rupture.

De plus en plus, ceux-là mêmes qui m'étaient fidèles,
Me fuient comme s'ils craignaient la contagion.
Je m'habitue à la *solitude* et je me méfie d'*elle*,
Pensant à ces précieux moments que nous partagions.

J'ai embrassé tant de choses de mes mains,
Sans pour autant les retenir trop longtemps.
Je me suis empressé à emprunter tant de chemins,
Prenant mon impatience souvent comme étant Ton temps.

Toute lutte – aussi tenace et âpre soit-elle – se révèle vaine,
Lorsqu'elle vise à vouloir changer son inexorable destin.
Et l'Homme accroît même inconsciemment sa peine.
Croyant un jour triompher, Il découvre qu'il n'é était bien loin.

Je veux maintenant simplement faire silence,
Afin de pouvoir écouter et obéir à Ta voix.
Je veux maintenant Te faire totalement confiance,
Et aller en toute reconnaissance si Tu me montres la voie.

Je t'ai souvent interrogé d'une langue effrontée,
– allant jusqu'à remettre en question Tes choix mystérieux –
Tout ce qui m'importe désormais, c'est Ta Parfaite Volonté,
Même si Ton Meilleur vient déguisé en ce que ne peuvent voir mes yeux.

Au milieu de la nuit

Il y a des nuits où je me sens oppressé par des ombres ;
Des fois tombent au fond de moi, de violentes averses.
Alors les rayons bénis de Tes célestes clartés me traversent,
Illuminant mon cœur, lorsqu'il est couvert d'épais nuages sombres.

Tendrement, Tu me fais sentir Ta chaleureuse présence,
Lorsque je me sens étreins par une accablante solitude.
Quand je suis en proie à une multitude d'incertitudes,
Tu me rassures, afin que ma joie se déploie avec aisance.

Quand les flots mugissants de la mort m'environnent,
Tu étends Ta main, Tu me saisis et me retire des grandes eaux.
Tu me ranimes et Tu redonnes de la vigueur à mes os,
Lorsque mes pas chancèlent et que mes forces m'abandonnent.

Mes ennemis ne tarissent pas de projets à mon sujet,
Tu me donnes de les fouler comme la boue des rues et la poussière.
Tu m'élèves au-dessus de mes nombreux adversaires,
Ils sont soudain pris dans leurs filets, et confondus dans leurs projets.

Tu m'affermis, Tu me fortifies, Tu me rends intelligent et sage.
Je n'inclinerai pas mon cœur à la perversité,
Malgré les tourments et les défis de l'adversité.
Je répondrai avec un courage tenace à tout test de passage.

Façonne-nous par Ton amour

Dans un monde où l'amour se retient de s'offrir ;
Se contient, s'endigue, s'étouffe par crainte de souffrir.
Ton amour Seigneur, incarne toute Ta plénitude.
Un amour bien au-dessus de tout, qui a pardonné nos offenses ;
Un amour qui se manifeste, malgré l'ingratitude ;
Un amour salutaire et salvateur qui se donne avec puissance.
Nous ne pouvons que dire, devant Ton amour manifesté,
Qui aime des humains, même l'homme le plus détesté :

Seigneur façonne-nous par Ton amour,
Afin que de Toi, chaque jour,
Notre vie en soit l'expression profonde.
Qu'au monde, tout en nous démontre,
Du fruit de notre sublime rencontre.
Qu'il déborde de nos cœurs et inonde le monde.

C'est par amour qu'aux griffes de l'enfer, Tu nous as ravis.
Pour de pauvres pécheurs, Ton fils a donné jusqu'à sa vie.
Quel amour ! Personne ne peut plonger dans ses profondeurs ;
Dans ses profondeurs intimes, et rester le même.
Car plus Ton amour révèle à un cœur, ses splendeurs,
Plus ce cœur s'illumine, s'agrandit et plus il T'aime, plus il aime.

Ton amour Seigneur est l'expression parfaite du don,
De force rédemptrice, de libération et d'acquittement du pardon.
Nous pouvons être altruistes, mais recherchant nos propres intérêts.
Notre amour est à l'image de ce que nous sommes.
Transforme-nous, nous voulons nous demander ce que Tu ferais.
Inspire tout en nous à Ta mesure, pour refléter Ta nature aux hommes.

Oui Seigneur, façonne-nous par Ton amour,
Afin que de Toi, chaque jour,
Notre vie en soit l'expression profonde.
Qu'au monde, tout en nous démontre,
Du fruit de notre sublime rencontre.
Qu'il déborde de nos cœurs et inonde le monde.

J'ai besoin de Toi

J'ai besoin de Toi.
Mon courage est englouti par la crainte,
D'insondables douleurs resserrent leur étreinte.
Une clameur de sombres pensées monte en moi,
Et laisse retomber en mon âme, un absurde effroi.

J'ai besoin de Toi.
Je sens diminuer la flamme de ma lampe,
Devant l'ombre maléfique et sournoise qui rampe.
Éclaire-moi de Ta lumière salutaire, Divin Roi,
Et que mon âme s'embrase d'amour et de joie.

J'ai besoin de Toi.
Pardonne, je Te supplie, ma folie, mon insolence.
Délivre-moi de l'amertume, qui me pousse à la violence.
Libère-moi de cette colère noire dans laquelle je me noie,
Enseigne-moi la douceur et l'obéissance à Ta loi.

J'ai besoin de Toi.
Sans Toi, je ne suis qu'un pauvre navire égaré.
Je suis honteux et fatigué d'avoir si souvent bagarré.
Je me laisserais désormais faire entre Tes habiles doigts,
Afin Tu me modèles patiemment comme il se doit.

Au pouvoir de Ta Grâce

Quand nos forces soudainement nous trahissent,
Et que jadis, cherchant bravement à se battre,
Aujourd'hui, chaque coup dur vient nous abattre,
Et que les ténèbres s'épaississent et nous envahissent.
Dans notre pire, que surgisse Ton meilleur,
Ton meilleur, car Ta Grâce nous suffit Seigneur.

Quand notre infâme misère toujours nous accable,
Et que plusieurs tourments, nous prennent pour cible,
Jusqu'à ce que notre âme, tel un roseau flexible,
Plie gravement sous d'obscurs maux implacables.
Dans notre pire, que surgisse Ton meilleur,
Ton meilleur, car Ta Grâce nous suffit Seigneur.

Quand la mort fourbe flatte notre esprit, notre raison,
Et le désespoir grandissant, conduit à s'autodétruire,
Incite à toutes offenses, nous rendant sale, pour Te fuir,
Et dépérir comme une fleur, en la mauvaise saison.
Dans notre pire, que surgisse Ton meilleur,
Ton meilleur, car Ta Grâce nous suffit Seigneur.

Quand sur nos lèvres n'éclot plus nul sourire,
Que notre douleur, notre impuissance, nous rendent furieux,
Faisant sortir de notre bouche avec insolence des mots injurieux,
Inspirés des enfers, et que les démons savent nourrir.
Dans notre pire, que surgisse Ton meilleur,
Ton meilleur, car Ta Grâce nous suffit Seigneur.

Quand nous nous sentons oppressé par de mystérieuses peurs.
Quand se sentant incompris, l'on comme un reclus,
Ou que se sentant méprisé, insulté, blessé, trahi, exclu,
Tout ceci porte des coups de couteau à notre cœur.
Dans notre pire, que surgisse Ton meilleur,
Ton meilleur, car Ta Grâce nous suffit Seigneur.

Oui Ton incommensurable Grâce nous suffit Seigneur.
Lorsque nous sommes faibles, c'est alors que nous sommes forts.
Là où nous savons mériter le pire, Tu nous manifestes le meilleur,
Dans Ta bonté, Ton Amour fidèle, éternel réconfort.

Dans chacune de nos impasses, Tu nous rassures,
Et nous en montres l'issue favorable, où l'on ne s'y attend,
Afin de Te glorifier ; en Toi notre âme espère, en toi elle s'assure.
Car Tu tournes tout en notre bien, Tu œuvres en tout instant.

Combien Il t'aime

Quand par des ombres, tu te sentiras opprimé,
Et que sur le chemin, tu perdras pieds ;
Quand ton âme sera tellement abattue et déprimée,
Que tu ne sauras plus ni crier ni prier.
N'oublie pas combien Il t'aime,
Et que pour toi, Son amour est le même.
Laisse-Le trouver Son chemin jusqu'à ton cœur,
Il en sortira le meilleur, Il t'aidera à en sortir vainqueur.

Quand d'autres regards se pencheront sur toi,
Et te renverront un cruel reflet de médiocrité ;
Quand des railleries insultantes questionneront ta foi,
Et que ta chute te plongera dans l'obscurité.
N'oublie pas combien Il t'aime,
Et que pour toi, Son amour est le même.
Laisse-Le trouver Son chemin jusqu'à ton cœur,
Il en sortira le meilleur, Il t'aidera à en sortir vainqueur.

Quand ta joie ne sera plus qu'un lointain souvenir,
Et que le manque et l'absence te pousseront à bout ;
Quand tes yeux noyés de larmes erreront vers l'avenir,
Quand il te sera si pénible de te remettre debout.
N'oublie pas combien Il t'aime,
Et que pour toi, Son amour est le même.
Laisse-Le trouver son chemin jusqu'à ton cœur,
Il en sortira le meilleur, Il t'aidera à en sortir vainqueur.

Lorsque ton âme sera enserrée par la lugubre solitude,
Quand ceux, longtemps fidèles, te tourneront le dos ;
Quand l'amertume n'aura d'égale que l'ingratitude,
Et que tes lèvres alourdiront le poids de ton fardeau.
N'oublie pas combien Il t'aime,
Et que pour toi, Son amour est le même.
Laisse-Le trouver Son chemin jusqu'à ton cœur,
Il en sortira le meilleur, Il t'aidera à en sortir vainqueur.

Quand tu seras assailli d'un déluge de pensées morbides,
Et que le malin avec ruse voudra semer des ravages ;
Quand ton cœur, comme ton visage seront livides,
Et qu'au fond de toi, bouillonnera d'aigreur et de rage.
N'oublie pas combien Il t'aime,
Et que pour toi, Son amour est le même.
Laisse-Le trouver Son chemin jusqu'à ton cœur,
Il en sortira le meilleur, Il t'aidera à en sortir vainqueur.

Quand soudain les souffrances du passé ressurgiront,
Et que s'ouvriront les blessures que tu croyais cicatrisées.
Que contre toi, des paroles injustes et humiliantes, mugiront.
Quand tu te sentiras par les hommes ou par la vie, brisé.
N'oublie pas combien Il t'aime,
Et que pour toi, Son amour est le même.
Laisse-Le trouver Son chemin jusqu'à ton cœur,
Il en sortira le meilleur, Il t'aidera à en sortir vainqueur.

Je ne peux seulement T'adorer pour les bonnes choses,
Car Tu m'as enseigné que même la douleur et la peine,
Participent à Ton plan divin, c'est en mon bien que Tu les disposes.
Tu sais tout ce que Tu fais, dans ta Sagesse Souveraine.
Que mon âme T'adore, et qu'entièrement à Toi, je me remette,
Car rien n'arrive à Ton enfant, que Tu ne le permettes.

Que mon âme T'adore

Que mon âme T'adore,
Quand je ne percerai le mystère de Tes choix,
Et verrais échouer tous mes ingénieux calculs.
Que mon âme T'adore,
Quand Tu me montreras parfois une autre voie,
Face à laquelle j'aurai même le plus de recul.

Que mon âme T'adore,
Quand je sentirai peser le poids de l'abandon,
Te ressentant si loin, ou Te croyant absent.
Que mon âme T'adore,
Lorsque Tu me demanderas un précieux don,
Un sacrifice pour lequel je voudrais être réticent.

Que mon âme T'adore,
Quand Te suivre, me réclamera tant d'efforts,
Et que je serai sur le point de tout laisser tomber.
Que mon âme T'adore,
Lorsque le malin voudra se faire croire plus fort,
Me faisant miroiter des choses, pour me faire succomber.

Que mon âme T'adore,
Quand je traverserai d'inexplicables déserts,
Que je n'oublie que Tu peux y faire jaillir l'eau des puits.
Que mon âme T'adore,
Lorsque des gens se moqueront de ma misère,
Et prédiront l'opacité et la perpétuité de ma froide nuit.

Que mon âme T'adore,
Quand s'appliquera, Ton serviteur, le temps,
Et que ma patience et ma fidélité seront éprouvées.
Que mon âme T'adore,
Même lorsque je n'obtiendrai ce j'attendais longtemps ;
Lorsque je chercherai des réponses sans les trouver.

Que mon âme T'adore,
Lorsqu'on me traitera de façon injuste et blessante,
Pour me laisser le cœur meurtri ou en tempête.
Que mon âme T'adore,
Lorsqu'on outragera même ma cause la plus juste,
Et que la justice propre ne devienne pas ma conquête.

Que mon âme T'adore,
Car Tu me prouves toujours Ton amour, Ton secours.

Par l'épreuve, Tu me forges et ma foi se voit fortifiée.
Que mon âme T'adore,
Car en mon bien, toute chose même douloureuse, concoure,
Et en ces circonstances, Tu sais de façon merveilleuse, Te glorifier.

À Toi je me donne

Doux Seigneur, je viens et dépose ma vie à Tes pieds,
Afin qu'à la réalisation de Ton but, Tu la rendes conforme.
Je me laisse faire comme de l'argile entre Tes mains de potier.
Je n'oserai Te demander de me donner telle ou telle forme.

À Tes pieds, je viens me décharger de tout fardeau,
Tout ce qui a longtemps retardé vers Toi, l'élan de ma course.
À jamais, dirige mon cœur comme un courant d'eau,
Qui dans Ton amour, prend toujours joyeusement sa source.

À Toi, je me donne ; que ma volonté se plie à Ta volonté.
Me voici devant Toi, je reconnais que je ne peux rien sans Toi.
J'ai honte de toutes ces fois où je T'ai affronté de façon effrontée.
Utilise-moi, selon Tes désirs, trouve Ta voie à travers ma foi.

Incline-moi à l'obéissance, même si je ne comprends pas.
Donne-moi d'avoir confiance à Tes plans de paix et de bonheur ;
D'avoir conscience de Ta bonté même dans la sévérité de Ton bras.
Car en Toi, toute vie, misérable soit-elle, s'élève au meilleur.

Enseigne-moi l'humilité ; à ne pas compter sur mes facultés,
Car c'est Toi qui accomplis toute bonne chose à travers nous.
Tu convertis en opportunités dans nos vies, même les difficultés,
Tu nous permets d'aller plus vite, des fois où nous sommes à genoux.

À Toi je me livre, délivre-moi, je Te prie, de la peur et du doute.
Donne-moi la joie et la paix de te faire totalement confiance ;
L'audace d'avancer même si c'est, pas après pas, que s'ouvre la route.
Apprends-moi à agir où Tu m'en appelles, et à attendre avec patience.

Confiance

Seigneur qu'en nous se plient toute résistance, toute lutte,
Sachant que Tu peux souvent agir par là où nous n'y avions pensé,
Pour Te glorifier dans nos vies et accomplir ainsi Ton but.
Car Tes voies si parfaites paraissent des fois insensées aux sensés.

Même si toutes les lumières aux alentours finissent par s'éteindre,
Tu es le seul capable de nous guider en toute sécurité,
À travers le chemin noyé dans la profonde obscurité.
Il n'y a rien de plus secret en nous, que Tu ne puisses atteindre.

En toute confiance, nous nous abandonnons à Toi, Divin Maître.
Nous lâchons prise, même si cela nous brise, nous nous laissons mouler,
Afin de prendre la forme que Tu veux ; nous voulons nous soumettre
À Ta volonté, laisser au travers de nous Ta vie sublime s'écouler.

Nous voulons juste T'obéir, même si ne parvenons à Te comprendre.
Que nos raisonnements se taisent ; que notre propre personne s'efface ;
Que tout en nous, autour de nous participe à ce que Ton œuvre se fasse.
Nous voulons Te reconnaître en toute circonstance et à Tes pieds, apprendre.

En silence j'attends

En silence j'attends,
Car je sais que Mon rédempteur est vivant.
Il agira en son temps.
Que redoublent les vents, moi j'irai de l'avant.

Qu'importe qu'à mon sujet, plusieurs jubilent ;
Qu'on veuille me faire croire que j'attends en vain.
Même si les autres me jugent un peu ou trop débile,
Moi j'ai confiance en Son merveilleux plan divin.

En silence j'attends,
Car je sais que Mon rédempteur est vivant.
Il agira en son temps.
Il fera paraître ma gloire comme le soleil levant.
Je ne vais pas Le renier,
Il se lèvera le dernier.
Il se lèvera, Il se lèvera.
Au temps convenable, Il m'élèvera.
Il se lèvera, Il se lèvera.
Et Son bras puissant me relèvera.

Même si les amis me désertent le long du chemin,
En voyant la route vers l'accomplissement, se prolonger.
Même si ma situation ne présage plus un meilleur lendemain,
Ou que les sombres jours de souffrance semblent se rallonger.

Qu'à côté de moi l'homme véreux et arrogant prospère.
Je sais que Mon rédempteur exaltera Son nom dans ma vie.
Je ne me laisserai pas envenimer par les langues de vipère,
Je ne me laisserai ni décourager ni corrompre par d'autres avis.

En silence j'attends,
Car je sais que Mon rédempteur est vivant.
Il agira en son temps.
Que redoublent les vents, moi j'irai de l'avant.
Je ne vais pas Le renier,
Il se lèvera le dernier.
Il se lèvera, Il se lèvera.
Au temps convenable, Il m'élèvera.
Il se lèvera, Il se lèvera.
Et Son bras puissant me relèvera.

Qu'importe les intimidations et les perfides manœuvres ;
Qu'on ironise sur mon sort ou mes efforts, que tout s'écroule.

Je sais qu'en secret et en ma faveur, Mon rédempteur œuvre.
Il est Maître de tout, même du temps qui avec lenteur, s'écoule.

J'attends humblement, car Il comblera mes espérances.
Il ne faillira pas, et dans ses douces mains, repose ma vie entière.
Il est fidèle, Il est au contrôle, Il est le Dieu de mes délivrances.
En son temps, Il tournera en dérision tous mes adversaires.

J'attends, parce qu'il Lui suffit d'un mot pour que tout change.
Rien ne Lui est impossible, et Son temps peut ne pas être le mien.
Mais c'est Le meilleur, Il fera éclore sur mes lèvres, une nouvelle louange.
Il tient toujours Ses promesses, Il défendra ma cause, tel qu'il convient.

Je regarde à Toi

Je regarde simplement à Toi,
Que la route soit longue et difficile,
Je poserai chaque pas de foi,
D'un cœur confiant et tranquille.

Je regarde simplement à Toi,
Qu'autour les autres progressent,
Me plaignent ou se moquent de moi,
Que des regards méprisants m'agressent.

Je regarde simplement, à Toi,
Même si j'ignore où Tu me mènes.
Je sais que Tu avais déjà tracé la voie,
Connaissant l'aboutissement et les peines.

Je regarde simplement à Toi,
Que des ombres du malin s'agitent,
Je ne laisserais pas que mes sens me fourvoient,
Que mon cœur se lasse ou s'irrite.

Je regarde simplement à Toi,
Car au-delà des obstacles et de l'attente,
Je sais que Tu n'échoueras pas,
Et que Tu me tiens de ta main réconfortante.

Je regarde simplement à Toi,
Même si mes proches soudain m'abandonnent.
Que la froideur de la nuit sème du désarroi,
L'aube radieuse poindra sur la couronne que Tu donnes.

De Ta voix

Mon Bien-aimé, je n'écouterai que le murmure de Ta voix.
Je n'écouterai que ces mots vivifiants venant de Toi.
Avec une résolution inflexible, je réduirai cette voix au silence,
Cette voix déroutante au fond de moi qui parle avec insolence.

Quand s'élèveront ces voix de médisance et de mépris,
Aiguillonnées pour abattre ou pour troubler mon esprit ;
Quand des paroles de découragement de part et d'autre fuseront,
Pour voir flancher mes pas, mon cœur et mon âme les refuseront.

Mon Bien-aimé je n'écouterai que le murmure de Ta voix.
Qu'importe les agitations, ce que j'entends ou ce que je vois.
Avec foi, je marcherai confiant au milieu de la nuit profonde,
Avec assurance, Tu me diras d'avancer même si les terreurs grondent.

Je commanderai aux éléments de la nature et aux astres,
Je retournerai contre mes ennemis leurs propres désastres.
En Ton nom, je donnerai vie et gloire à tout ce qui était déjà mort.
Ma voix s'unira à la Tienne pour annuler et anéantir tout mauvais sort.

Que redoublent les cris intimidants de mes ennemis dans la pénombre,
Que leurs fureurs déchirent l'horizon et que croisse leur nombre,
Je les verrai saisis d'épouvante au son de Ta voix terrifiante et puissante,
Et je parlerai avec autorité, les précipitant aux fatales descentes.

Mon Bien-aimé, en temps d'incertitude, je n'écouterai que Ta voix,
Je lui obéirai lorsque comme l'étoile du matin, Tu me montreras la voie.
J'irai à Ton service même pour une lointaine terre inconnue,
Et je témoignerai de Toi à ceux-là qui ne T'ont jamais connu.

Je n'obéirai qu'à Tes recommandations mon Bien-aimé,
Sans craindre que pour cela je sois persécuté ou blâmé.
Je ne laisserai pas qu'en moi Ta vérité soit tue ou retenue,
Je la ferai retentir avec courage, car par Ta force, je serai soutenue.

Je n'écouterai que la mélodie de Ta voix lorsque je serai sujet
De mots d'humiliation, de malédiction, d'injustice et de rejet.
Je ne croirai qu'à Ta voix, qu'elle me parvienne douce ou forte,
Jusqu'à ce qu'à son simple écho, Ton meilleur en moi ressorte.

En toute chose donne-moi de reconnaître et de n'obéir qu'à Ta voix,
À accepter que ce que Toi Seigneur Tu dis et sais de moi.
Dans Ton amour inaltérable, Tu tournes tout en ma faveur,
Et de Ta voix, Tu me rassures de Ta présence, incomparable Sauveur.

Mon Bien-aimé je me plais à écouter Ta douce voix,
Afin que la joie de mon âme soit parfaite à chaque fois.
Et dans les accords de notre intimité, je la sens toute éprise,
Se mouvoir en moi au rythme de Ta délicieuse brise.

Que je te chante un chant d'amour

Que de mon cœur montent ces mots qui fleurent
Comme de douces et enivrantes senteurs de fleurs.
Que partout sur la terre jusqu'à ses confins
Se répande et pénètre en tout ce qui respire, ce parfum,
Pour traduire le bonheur de cet amour indicible,
Qui bouleversant mon esprit, ma vie, m'a rendu si sensible.

Mais devant tout ce que je ressens, je ne peux me taire.
Que mon chant perce l'aurore et les profondeurs de la terre.
Comme un rossignol sur une branche éternisant son chant mélodieux,
De tout mon être j'élève mes louanges jusqu'à Toi mon Dieu.
Que ma louange par-delà les terres, la brise qui souffle la porte,
Afin que tous les hommes connaissent mon Sauveur et tout ce qu'il apporte.

Que je te chante que Dieu a donné Son unique fils
Pour nous sauver, et Son fils s'est donné en sacrifice.
Que je te chante que Dieu relève et élève la pauvre traînée,
Que Lui seul peut te délivrer de tout ce que jusqu'ici tu as depuis traîné ;
Tout ce qui t'asservit, te ronge et te brise en silence.
Ce dont tu as tout essayé en vain, pour obtenir ta délivrance.

Moi, quand je me retourne en arrière, Et que je vois le pauvre homme que j'étais.
Je n'étais rien qu'un grain de poussière, Un objet sans valeur que plusieurs jetaient.
Mais depuis que j'ai atterri dans Tes bras de tendresses infinies,
Merveilleusement ! Tu as radicalement changé ma vie.

Moi aussi de tout ce que j'avais commis, je pensais mériter le pire,
Mais dans Ton amour insondable, c'est le meilleur que tu as fait jaillir.
Quand de la vie, de tout mon être, je voulais par tout moyen, fuir,
Et que me punissant moi-même, j'avais commencé à me détruire ;
Me jetant en sombre désespoir dans des plaisirs vils,
Parcourant bon nombre de trottoirs et maisons insalubres des villes.

Dans ces ruelles et ces sentiers immondes où j'ai vagabondé,
Pour moi, Ton amour incommensurable a toujours abondé.
Vautré dans ce fumier ou m'embourbant dans la boue,
Ton amour si fort a toujours fini par en venir à bout.
De m'aimer, rien n'a pu Te décourager encore moins T'en empêcher ;
La puissance de Ton amour a vaincu l'outrance de mon péché.

Déguenillé de la solitude et oppressé par la dépression,
Et souvent portant poids du rejet ou le regret de la régression,
Au plus profond de moi, Tu m'as fait entendre Ta tendre voix,
Pour me détourner de ma triste et mauvaise voie.

Tu as tout fait pour ramener et mener jusqu'à Toi, mes fuyants pas,
Pour me faire comprendre que ma place n'est pas ailleurs que dans Tes bras.

Regarde un peu à la laideur de ton passé,
Et considère tout ce que l'amour de Dieu a surpassé.
Toutes tes errances, toutes tes souffrances, toutes tes folies qu'il a bravées,
Parce qu'Il t'aime ! Et que dans Ses mains Il t'a gravé.
Alors adore-le ! Comme un oiseau aux premières lueurs du jour,
Ou lorsque le soir avance, chante-Lui un très beau chant d'amour.

Avec Toi

Seigneur, c'est si merveilleux de Te connaître ;
Laisser mes pensées être régénérées par l'Esprit-Saint ;
C'est une impression mystérieuse de renaître ;
Et même calme, porter un chant inextinguible en son sein.

Je découvre la joie et la grâce inouïe de T'appartenir ;
D'être dépendant de Ta bonne main, tout en étant libre ;
Porter cette joyeuse flamme à ne pas seul pour soi, retenir ;
Se sentir si précieux, si léger et parfaitement en équilibre.

Sentir Tes yeux aimants sur moi, Ta tendresse qui m'entoure ;
Vivre chaque jour une si douce intimité et profonde ;
Expérimenter cet amour si pur, désirer le partager tout autour ;
Consentir à être le sel de la terre, la lumière du monde.

Seigneur, c'est un bonheur suprême d'être Ton enfant ;
D'avancer avec confiance malgré les tempêtes et les orages,
Sachant que même dans ma faiblesse, avec Toi, je suis triomphant.
Je ressens cette paix réelle, cette belle espérance et ce courage.

Parole de Vie

Elle vient, emplie de puissance, même dans un doux murmure.
Agissant en celui qui daigne l'écouter et pas seulement à l'entendre.
Elle descend comme une pluie fine sur les âmes tendres,
Et comme des ondées bénies qui viennent rafraîchir l'herbe mûre.

En nous, lorsqu'elle demeure, elle répand la vie en abondance,
Et déborde pour s'écouler avec joie vers ceux qui nous entourent.
Les inondant de la Présence de la Trinité témoignant chaque jour,
Du bonheur de notre intimité et de nos précieux moments de confidences.

En Elle, nos âmes s'abreuvent comme à une source pure et claire,
Dévalant en cascade mélodieuse, les rochers des flancs d'une colline.
Elle est la lumière inextinguible, douce ou forte qui nous éclaire,
Portant chacune de nos pas, de nos actions, par les clartés divines.

Comment rendre son sentier pur, si ce n'est en se dirigeant d'après Elle.
Elle est la vie éternelle, l'Éternel vivant en nous, même si tout s'effrite,
Elle demeure ; Elle est la plus belle Lettre d'amour jamais écrite,
Qui annonce à l'humanité, pour des siècles et des siècles, la bonne Nouvelle.

Elle nous sanctifie par la vérité, nous justifie pour nous glorifier en Dieu.
Elle ouvre nos yeux pour contempler les mystères et les merveilles de la foi,
Et nous permet d'amener à existence sur terre, notre héritage des cieux.
Elle nous émonde, nous édifie dans la grâce et nous fortifie dans la loi.

Elle féconde, c'est par ses vertus qu'en nous, toute semence du Père croît.
Elle cisèle nos cœurs pour leur donner de l'éclat comme des diamants.
Elle nous relève, nous élève, nous révèle le mystère du sacrifice de la croix ;
Elle renouvelle notre intelligence, la connecte à la pensée du Père aimant.

Elle est notre arme pour anéantir les traits de l'ennemi de notre destinée.
Elle rend la guérison et la vie aux malades ; Elle relève ceux qui sont abattus ;
Elle donne la force à ceux qui se sentent fatigués d'avoir combattu,
Et les établit dans la victoire et l'autorité célestes qui leur sont prédestinées.

Afin de rester plein de sève, verdoyants et féconds dans le jardin de la grâce,
Demeurons enracinés en Elle ; La laissant au travers de l'Esprit, jouer son rôle.
Laissons qu'Elle nous ravive, fasse luire la gloire du Père sur notre face.
Qu'elle vive en nous ; Au commencement était la Parole, à la fin sera la Parole !

Bâtir une intimité avec Toi

Je veux bâtir une profonde intimité avec Toi.
T'écouter me parler de façon précise et audible,
Me perdre dans Ta Parole quand je lis la Bible,
Pour me retrouver en Toi, pour qu'on Te trouve en moi.

Je veux bâtir une profonde intimité avec Toi.
Attendre, dans la patience et la sérénité toutes Tes promesses,
Et en dépit des tumultes et des peines qui oppressent,
Déborder de reconnaissance, d'adoration, de louange et de joie.

Je veux bâtir une profonde intimité avec Toi.
Avancer en toute confiance et courage, jour après jour,
Répandre dans des cœurs arides, les sources de Ton amour ;
Diffuser avec foi, les clartés de Ta bonté, de Ta paix et de Ta loi.

Je veux bâtir une profonde intimité avec Toi.
Te laisser entreprendre tout ce que Tu as à entreprendre ;
Obéir à Ta volonté, même lorsque je n'arrive à la comprendre,
Et poser avec Toi chaque jour, des pas et des actes de foi.

Je veux bâtir une profonde intimité avec Toi.
Agir tel que Tu m'inspires par l'Esprit, devant toute circonstance,
Par les merveilles de Ta puissance, transformer des existences,
Et devenir pas à pas, la personne que Tu veux que je sois.

Je veux bâtir une profonde intimité avec Toi.
Servir, défendre Tes intérêts, Te connaître et Te reconnaître,
Savoir mon être intimement uni à Ton splendide Être,
Te plaire, faire des choix qui T'honorent et marcher dans Tes voies.

Je veux bâtir une profonde intimité avec Toi.
Jouir avec fierté des richesses et de la plénitude de notre amitié,
Répugner et combattre tout ce qui T'est en inimitié,
Ne foulant pas la grâce qui m'a été accordée par le sacrifice de la croix.

Je veux bâtir une profonde intimité avec Toi.
Prolonger à l'infini nous délicieux moments de confidences,
À Ta voix, à Ta vue, sentir au-dedans mon cœur qui bondit, qui danse,
Et m'endormir et me réveiller dans la chaleur bénie de Tes bras.

Près de Toi

Toujours plus qu'hier, je veux Te connaître.
Enseigne-moi Tes ordonnances et Tes mystères.
Je veux à Ta Parole, sentir mon homme renaître,
Et qu'au long de notre intimité se forge mon caractère.

Je ne veux plus à Toi me donner, sans passion.
Je veux porter les beaux fruits de notre amour.
Enseigne-moi le pardon et la compassion,
Apprends-moi à marcher dans Tes voies, sans détours.

Tu es ma vie, ma plénitude et mon espérance.
Je veux réjouir Ton cœur comme Tu réjouis la mien.
Que ma foi croisse en œuvre et en assurance,
Et que déborde cet amour d'un cœur qui T'appartient.

Je n'oublierai jamais

Je n'oublierai jamais cette fois où tu m'as dit : viens à moi.
Assis à même le sol, je me sentais si sale, si pâle, si puant.
Toi, tu m'as ouvert tes bras, au moment où j'étais au plus bas,
Misérable et suant la peur, essuyant tous ces cris huant.

Égaré, effaré, j'étais semblable à une bête farouche,
Même si je savais qu'au-dedans de moi, j'étais si vulnérable.
Accroupi au coin de la ruelle, les plaies à la merci des mouches,
Toi, tu m'as tendu une main aimable sous un sourire affable.

Je n'oublierai jamais ce que ton regard m'a dit.
Que je valais tellement, bien plus que ce que je croyais.
Ton doigt sincère m'a montré ce que je ne voyais,
Quand tant de gens me vouaient à être damné ou maudit.

Moi l'impie, s'apitoyant sur une vie pitoyable ; moi sans défense
Face aux injures impitoyables, promenant un regard obscur.
Les poings serrés, j'avais été arraché aux joies de l'enfance,
Privé de rêves et de la chaleur qu'un simple tendre geste procure.

Je n'oublierai jamais que tu m'as dit que je méritais mieux,
Qu'une vie notoire de trottoir, meurtrie par tant d'humiliations.
Rongé par l'amertume, j'en voulais aux hommes et aux cieux,
Mais patiemment, tu m'as conduit à la paix et à la réconciliation.

Je n'oublierai jamais que vous êtes devenus ma famille.
Au-delà des liens du sang, nous sommes devenus unis, unique.
À l'heure la plus sombre de ma vie, quand tout partait en vrille,
Vous vous êtes tenus m'éclairant d'une affection sans panique.

Vos tendresses m'ont permis d'y croire à nouveau.
De croire que je pouvais encore devenir quelqu'un de bien.
Je n'oublierai jamais que ta main m'a tiré de ce caniveau,
En me disant combien j'avais tant, quand je croyais n'avoir rien.

Toi, tu m'as ouvert des horizons insoupçonnés.
Tu m'as permis de marcher avec liberté et courage vers l'avenir.
Ces nombreux déboires du passé ont fini par me façonner.
Ils m'ont permis d'atteindre les cimes où je ne pensais y parvenir.

Je n'oublierai jamais cette fois où tu m'as dit : sèche tes larmes,
Où tu m'as aidé à braver cette colère noire qui me détruisait.
À retrouver au-delà de la souffrance, la joie de vivre et son charme.
Je n'oublierai jamais que tes paroles et tes actions m'instruisa

Mon cœur Te reconnaît

Dans la douceur rêveuse de la nuit ;
La musicalité de sa respiration calme et reposée ;
À travers la magnifique lune qui luit,
Voguant sur un océan, de milliers d'étoiles arrosées,
Mon cœur battant Te reconnaît, tendre Amour…

Dans la joyeuse fraîcheur du délicat matin ;
À travers le beau concert des oiseaux, dans les feuillages,
Leurs merveilleux airs, venus, j'ignore de quel lointain ;
À travers le majestueux soleil s'étalant par-delà les nuages,
Mon cœur battant Te reconnaît, tendre Amour…

Dans les délicieuses haleines parfumées des champs ;
Dans les charmants sourires chamarrés des splendides fleurs ;
À travers la verdure éveillée par les douces caresses des vents ;
Les gazouillements des rivières que des ailes nervurées effleurent,
Mon cœur battant Te reconnaît, tendre Amour…

Je m'émerveille comme un enfant, de ces choses, de ces êtres ;
Que je ressens, vois, entends, chargés d'une beauté insoupçonnée.
Car la nature reflète de Ta Gloire et Ta Présence, Divin Maître.
Mon âme s'illumine, s'anime de gratitude, Tu as tout façonné,
Et mon cœur Te reconnaît, Tendre Amour…

Dans Son intimité

C'est dans Son intimité
Que nous sommes dépouillés des œuvres des ténèbres,
Pour être revêtus des armes puissantes de la lumière.
Nos vies deviennent ces chants harmonieux qui Le célèbrent,
Et Il hume avec joie, le parfum de nos prières.

C'est dans Son intimité
Qu'on est rafraîchi ; que notre homme intérieur est fortifié ;
Notre chair étant crucifiée avec ses passions et ses désirs.
Édifiés par l'Esprit-Saint, et par Jésus, sanctifiés,
Nous pouvons marcher par l'Esprit et vivre en faisant son plaisir.

C'est dans Son intimité
Que nous apprenons à véritablement le connaître ;
Qu'Il nous révèle des choses profondes demeurant uniques ;
Que nous pouvons écouter Sa voix, faire Sa volonté, le reconnaître.
Que nous sommes oints, et enveloppés de la chaleur de Sa tunique.

C'est dans Son intimité
Qu'Il nous féconde, nous rend capables d'accomplir sa vision,
Étant conduits par un Esprit de révélation et de sagesse.
Notre amour croît, Sa Parole nous enrichie de toute provision ;
Notre foi s'enracine dans Son amour et en Ses promesses.

C'est dans Son intimité
Que nous sommes taillés à la mesure de Sa stature,
N'étant plus des enfants flottants, emportés par les vents des doctrines.
Mais éclairés par son soleil de vérité, nous marchons vers le futur,
Remplis de joie et de paix, fondés sur le roc de la puissance divine.

Nous Te louons

Nous Te louons, nous n'oublions aucun de Tes bienfaits.
Tu emplis Tes bien-aimés d'un bonheur sans mélange.
Pour Toi, nos lèvres palpitent et publient Tes louanges,
Et nous disons : Tu es juste et bon dans tout ce que Tu fais.

Nous Te louons, Toi qui nous as appelés à partager Ta gloire.
C'est Toi qui accueilles et élèves ceux-là qui sont méprisés ;
Tu libères les captifs, Tu guéris et ranimes les cœurs brisés.
Nous reconnaissons combien sans Toi, tout espoir est dérisoire.

Nous Te louons, notre assurance, car Ta fidélité dure à toujours ;
En Toi, notre amour demeure, et l'épreuve nous renforce.
Tu nous as donné Ta paix profonde et Ta joie est notre force.
Nous dépendons de Toi et Tes bontés se renouvellent tous les jours.

Précieuses heures

Précieuses heures de rencontre,
Quand notre réveil devance celui de l'aurore ;
Quand tout notre être se prosterne et T'adore,
Et suis le sentier que Ta Parole nous montre.

Précieuses heures d'intimité bénie,
Où Tu parles à notre cœur, avec douceur ;
Où notre âme amoureuse s'emplit de chaleur,
Et s'enrichit dans la merveilleuse relation qui nous unit.

Et Ta gloire resplendit sur notre visage ;
En nous, un chant d'amour jaillit et Te réjouit.
De ce bonheur dont notre âme jouit,
Et nous ne désirons que Te connaître davantage.

Prophéties

Que Son huile d'onction coule sur ta tête,
Afin que devant quiconque ta gloire luise.
Que Sa faveur devance tes soupirs et tes requêtes,
Et que Sa bonne main partout te conduise.

Qu'un cœur nouveau soit créé en toi.
Que Son étonnante douceur remplace toute dureté.
Qu'en toi soit brisé tout esprit d'orgueil et de moi,
Et que tes pensées soient emplies de pureté.

Que tes désirs se tournent vers Lui sans cesse,
N'aspirant plus qu'aux choses d'en haut.
Que tu sois instruit par Son Esprit de sagesse,
Afin que patiemment sorte de toi l'homme nouveau.

Que toute volonté soit par Lui, conquise.
Prospère à tous égards comme l'état de ton âme.
Que par ta foi, toutes Ses promesses te soient acquises,
Et qu'un amour passionnel et fusionnel t'enflamme.

Que tout plan maléfique contre ta vie, échoue.
Que tes ennemis te flattent et deviennent ton marchepied.
Sois en santé, que ton être L'adore et Le loue !
Car il t'est donné en possession, toute terre que foule ton pied.

Que tu deviennes un être conciliant et pacifique,
Recherchant la justice, que l'on retrouve en toi un esprit modéré.
Que de bonté et de miséricorde, tu sois prolifique,
Et que tes lèvres soient vraies, rassurantes, édifiantes et pondérées.

Que pour toi, Ses grâces abondent chaque jour.
Que ton plaisir soit de Le servir, de Le connaître davantage,
De L'honorer et de manifester Son grand Amour,
Gagnant des âmes pour qu'elles entrent dans leur héritage.

Merci !

Merci ! Merci ! Tu fais bien tout ce que Tu fais.
Tes œuvres dans nos vies sont tellement grandes.
Tu bénis au-delà de ce que l'on imagine ou demande.
J'ai souvent le souffle coupé en comptant tes bienfaits.

Merci ! Pour toutes les leçons, et même les faux pas.
Combien notre être chérit Ta bonté et Ta fidélité.
Si volage que nous sommes, nous songeons à tes grâces imméritées.
Tu nous délivres de nos faiblesses, nous enseignes la marche par la foi.

Merci ! Pour toute la beauté qui sourit à notre regard.
Il y a ces petites choses qui révèlent toute Ta grandeur.
Tu nous soutiens dans la peine, Tu nous fais rayonner de bonheur.
Ton amour nous ramène dans Tes bras, lorsque notre cœur s'égare.

Merci ! Pour les rencontres, les partages, les bonnes personnes,
Les mauvaises aussi, car Tu les utilises pour Te glorifier dans nos vies.
Merci ! Pour toutes les fois où pour le salut de notre âme, Tu as sévi,
Et pour tous ces moments difficiles par lesquels Tu nous façonnes.

Merci ! Pour tout, notre âme déborde de gratitude.
Au souvenir de Ton immense bonté, notre cœur bondit d'allégresse.
Par ce mot si simple, nous voulons T'exprimer toute notre tendresse.
Nous ne pouvons que te dire Merci ! Dans un sentiment de plénitude.

Gloire au Roi !

Que tout ce qui respire proclame que Tes œuvres sont puissantes.
Que les forêts, les montagnes et les collines tressaillent d'allégresse,
Que les vagues des mers clapotent ou mugissent d'ivresse,
Et que les fleuves élèvent vers Toi, leurs ondes retentissantes.

Que la lune caresse la terre de ces reflets fauves ou argentés,
Qu'au plafond céleste les myriades d'étoiles s'allument.
Que devant les rayons du soleil matinal s'estompent les brumes,
Et que dans la fraîche brise parfumée dansent les fleurs enchantées.

Ton éclat est plus éblouissant que celui d'une pierre précieuse.
Nous nous prosternons, nous reconnaissons que Tu es notre orfèvre.
Accompagnés de nos instruments, nous T'offrons le fruit de nos lèvres,
Que notre adoration montent jusqu'à Toi comme une senteur délicieuse.

Ton merveilleux nom est élevé au-dessus de tout nom dans l'univers.
La création toute entière exalte Ta grandeur et proclame Ta majesté
Tes jugements sont justes et véritables, Ta seigneurie est incontestée
Tu es le soleil resplendissant de justice et nous marchons à Ta lumière.

Qu'on sonne encore du cor, que les trompettes barrissent et hennissent.
Qu'on batte des tambours, qu'on fasse pleuvoir des pétales multicolores.
Que monte la marée de diverses langues, de tous les peuples qui L'adorent.
Sa beauté irradie l'univers, que nos voix s'élèvent et Le bénissent.

Que notre louange foule les déserts, gravisse les sommets des montagnes,
Qu'elle enjambe les vallées, qu'elle dévale les monts, brise les remparts.
Qu'elle court sur les ailes du vent, qu'elle traverse les océans et s'empare
De toutes les places des villes, que notre chœur vibre au cœur des campagnes.

Nous disons Gloire au Roi des rois ! Gloire au Roi trois fois saints.
Les nuées célestes tremblent et s'effacent devant la splendeur de Sa face.
Gloire au Roi des rois ! Toi qui nous as choisis par l'élection de la grâce.
Toi qui règne sur tout l'univers, Toi qui nous as appelés à Tes desseins.

Honneur au Roi ! Nous sommes Ton peuple et le troupeau de Ton pâturage.
Ton règne est éternel, Toi qui libères les captifs et guéris les cœurs brisés.
Nous Te rendons gloire ! Toi qui élèves ceux-là mêmes qui étaient méprisés.
Nous disons Gloire au Roi des rois ! Gloire, Gloire, Gloire au Rocher des âges !

Printed by Books on Demand GmbH, Norderstedt / Germany